도구의 삶

도구의 삶

문옥영 시집

다산글방

■ 일러두기

이 책에서 인용하고 있는 성구는 한국천주교중앙협의회에서 2005년 9월에 발행한 『성경』을 참고했다.

시인의 말

나의 무게는 나의 사랑이며 어디론가 내가 옮겨졌다면,
그곳으로 나를 옮긴 것은 나의 사랑입니다.

– 성 아우구스티누스 『고백록』 중

무릎 꿇고 머리 숙입니다.
내가 쓴 시가 내 머리에 손을 얹습니다.

보이지 않는 곳에서 출렁이는 것들이
근본을 흔듭니다.
척추의 중심이 기울어지고
팔다리 저리고 가슴이 아픕니다.

시, 저 스스로도 힘들다는 걸
누구보다 잘 알고 있습니다.
잘 알기에, 불편한 자세로 끝까지 버팁니다.
안간힘으로 ……

– 2025년 8월 문옥영

■ 추천사

평범한 존재에서 발견하는 숭고함

– 유청 신부

　일상 속에서 스쳐 지나갈 수 있는 사물과 존재를 깊이 들여다보며 삶의 진정한 의미를 탐색하는 시인이 있습니다. 문옥영 시인의 『도구의 삶』은 우리가 잊고 지냈던 것들의 가치를 섬세한 언어로 일깨우며, 평범함 속에서 숭고함을 길어 올립니다.

　「도구의 삶」은 곡괭이를 통해 헌신과 희생의 의미를 묻습니다. 스스로는 우뚝 설 수 없지만 자신을 내어주는 존재의 숙명을 조용히 품으며, 삶이 겪어내는 뜨거운 담금질과 망치질의 고통을 묵직하게 그려냅니다. 시인은 도구의 쓰임이 궁극적으로는 "강철보다 강한 사랑의 실천"에 닿아 있음을 고백합니다. 이 시는 자신의 쓰임을 위해 기꺼이 희생하는 삶의 아름다움을 전달하며, 진정한 헌신은 숭고한 사랑이 될 수 있음을 생각하게 합니다.

「작고 흰 그 말씀」은 부켄베리아의 붉은 포엽에 가려진 작은 흰 꽃을 통해 세상 속에 묻혀있는 '말씀'의 가치를 노래합니다. 잘 보이지 않는 작은 존재를 귀하게 여기는 시인의 경건한 시선은, 상처와 고통으로 얼룩진 인간의 마음을 치유하는 '말씀'의 힘으로 이어집니다. 가시 돋친 말들로 상처 입은 마음을 어루만지고, 마침내 그 말씀이 내면에서 '크고 깨끗한 꽃'으로 피어나 우리를 거룩하게 한다는 메시지는 위로와 희망을 전합니다.

『도구의 삶』을 천천히 음미하며 보이지 않는 곳에서 빛나는 가치를 찾아내고, 일상 속에서 잊고 지냈던 우리 존재의 아름다움과 숭고함의 조각들을 만나게 되기를 바랍니다.

차례

시인의 말 · 5
추천사 · 6

1부 안간힘으로 ——— 11

13월 새벽 ——— 13
도구의 삶 ——— 14
숟가락 ——— 16
사랑은 프랙탈 패턴으로 ——— 18
앵무조개 현현(顯現) ——— 20
개와 늑대의 시간 ——— 22
부르고 부린다 ——— 24
안간힘으로 ——— 26
기러기발 ——— 28
거룩한 변모 ——— 30
폭설 ——— 32

2부 가까이 봄 ——— 35

테라리움 ——— 37
물꽂이 ——— 38
벼슬 ——— 40
가까이 봄 ——— 42

녹의 시간	44
누군가 있다	46
닭벼슬꽃	48
꽃다움을 묻다	50
떠도는 눈물이 따뜻한 슬픔에 얼어붙는다	52
습설	54

3부 당신을 뵈옵니다 ─── 57

봄바람	59
지금	60
비둘기들의 입맞춤	62
수원지에 목화솜	64
스며들지 못한 빨강	66
동피랑면당에서	68
당신을 뵈옵니다	70
분꽃, 씨앗	72
이슬처럼 빛나는 쓸쓸함으로	74
작고 흰 그 말씀	76

4부 그 여자의 이면(裏面) ─── 79

붕어빵	81
그와 나와 검은 당나귀	82
영혼의 바코드	84
붉은 소나무	85

다시 건널목 -트라우마 ……………… 86
도미 …………………………………… 88
암모나이트 …………………………… 90
서더리탕 ……………………………… 92
지지뱅이에게 ………………………… 94
그 여자의 이면(裏面) ………………… 96

5부 12월이 오면 ──────────── 99

얼음땡
눈물의 간격
12월이 오면
흙마중
바가지
그냥
가오리
눈물의 모서리에 행복 스위치 -조르주 루오
풍선몰리의 사생활
야누스의 달
안개, 날아오르다

해설 지각(知覺) 수용의 실체 ──────── 123

1부

안간힘으로

13월 새벽

따스한 네 입술
서쪽 하늘 아래서
쪽, 쪽 쪽~
검은 피를 빠는 동안

아직 어두운
내 심장에선
투명 고드름 슬픈 고드름
그렁그렁 숨소리 잦아들고

붉은 빛
가득 차오르는
동쪽 하늘은
이미 와 계시는 그분으로
환하다

도구의 삶

바닥에 아무렇게나 쓰러져 있다고
게으르다 단정하면 큰 오산이다
스스로 우뚝 서지 못하는 곡괭이는
섬겨야 할 주인이 있는 종의 도구다

도구는 쓰이기 위해 함구하고
종보다 더 몸 낮추어야 하는 존재다
굽은 허리의 쓸모를 위해 평생을 기다린다

단단한 흙을 깨고 부수느라
손잡이 부러지고 닳아버린 곡괭이
새둥지 같은 흙속에 씨앗을 묻고 키워내는
그 헌신은 만만하지 않아서
주인의 뜻을 벗어난 종의 의도로
쓰임새 다른 도구
가령 강도의 칼날이거나
가슴 아프게 박히는 못이거나
방심한 뒤통수를 치는 망치거나

나름대로 온 힘 다해 투신한 순간들
그 옳고 그름에 대하여 따지고 싶지는 않다

진정한 도구의 삶이란
뜨거운 불길을 넘나드는 담금질과
살이 뭉크러지는 망치질
뼈를 깎아내는 아픔을 감내한 뒤의
변화된 성품이다
아기를 품에 안은 어머니 마음
막다른 골목에 환한 불빛과 같아서
참아주고 용서하는 너그러운 기운
동정과 호의로 내미는 따뜻한 손
서로를 완전하게 묶어주는 끈
강철보다 강한 사랑의 실천이다

숟가락

허기가 몰려왔다
펄펄 끓는 가마솥에
포플러 이파리들이 띄엄띄엄 떠올랐다

얇게 늘려서 뚝뚝 떼어 넣는 살덩이
지문이 고스란히 찍힌 수제비는
너무 익어버려

누구인지 알 수 없는 너

내 눈앞에서
삼키기 적당한 것들이 불어터졌다

이미 사라져버린 것들은
끝내 돌아오지 않았다

검게 변해버린 수저를 들어
입안 깊이 밀어 넣자
가시도 없는 독기가
입천장을 찌르고 속 쓰리게 했다

뜨거움을 덜어내기로 했다

덜어낸 자리에 차오르는
차고도 맑은 눈물
덕분에 나는
아무것에도 눈멀지 않았다

사랑은 프랙탈 패턴으로

꽃구름
얇은 입술과 입술이 닿아
솜사탕처럼 달콤했으나
그 뒤에는 싱겁거나 짠 것도 아니고
맵거나 쓴 것도 아닌
기묘한 슬픔
구미호 꼬리처럼 숨어있었다

나는 온몸의 혀를 벼리며 오로지 달콤함을
간절히 원했지만

현실에 뿌리 내린 삶이라서
떠도는 전설이라서
모든 것들은 드러나고야 말았다

뒤틀린 문풍지 소리로 누가 울었다
색색의 물감을 머금은 울음소리는 이내
과자 부스러기처럼 흩어지고
뒤엉킨 눈물타래 툭, 가지에 걸어두자

뭇별들 우르르 내려와선
허리 아프게 엎드리곤 했는데

나뭇가지마다 건드리고 가는
봄바람 꽃바람
멍울처럼 맺힌 검붉은 꽃망울
활짝 열어 제치고

덩달아 화들짝 깨어난 사랑
사방 자욱한 안개 속에서
복사꽃잎처럼 속삭였다
반복되는 패턴이 아름답다고

앵무조개 현현(顯現)

고생대 캄브리아기부터 여태까지
동그랗게 웅크린 연체동물

달이 지나가는 길목에서 뻘 밀어내고 물 당긴다
그윽함을 당기고 아득함을 밀어낸다
한 달 간의 밀당이
줄무늬 아름다운 나선형을 만든다

조금씩 완성되어가는 황금비율
마주 선 신랑각시가 서로 소(素)다

창세기부터 오늘까지
어정쩡하게 서 있는 척추동물

달면 삼키고 쓰면 뱉아낸다
수십 년 빤한 감각으로
단단한 나선형의 뿔을 만든다
여차하면 들이받을 기세다

열 줄 현 망가진 가야금과 비파인 듯
등진 부부는 서로 적(敵)이다

그분 눈에는
새신랑각시나 수십 년 등진 부부나
여전히
보기에 나쁘지 않은 모양이다

개와 늑대의 시간

어쩌다 보안등 불빛
거리의 발등을 닦는 동안
덩치 큰 하늘
어슬렁 바닥으로 내려와 엎드린다

앞섶 반쯤 뜯어진 4월의 겉옷자락
슬픔의 그림자는 잘 여며지지 않고
힘껏 던진 조약돌처럼
쉬 돌아오지 않는
웃음소리
발소리

낡은 담장만 허리 구부려
벗어놓은 신발 가지런히 히아린다

온순함으로 길들여진 아이들
눈꺼풀에 끈질기게 달라붙는 갯벌
겹겹 내려 쌓이는 파도
돌아보면 다듬잇돌처럼 단단해진 시간
뜨겁게 차오르는 기억들
뭉클뭉클 녹아내려
구수한 숭늉이라도 될 수 있다면…

생선가시 발라 숟가락 넘치도록 얹어주던
밥상머리 위로
개밥바라기별
커엉~ 컹 울부짖다가
시퍼런 제 목덜미
하얗게 물어뜯는다

부르고 부린다

시리~
부르면 바로 대답하는 착한 여자
밀당도 간보기도 할 줄 모른다

하이 빅스비~
부르면 바로 대답하는 다정한 친구
면전에서 응답하고 뒷말 할 줄 모른다

앨리야~ 불 켜줘
앨리야~ 불 꺼줘

하이 빅스비~ 시리야~
어시스턴트 알리지니 알렉사 엘리스 스텔라
여기저기 부르고 부린다

롯데캐슬아파트에 입주한 이들
여럿이 나누는 대화 속으로
낯익은 목소리가 끼어든다

"인공지능을 대표해서 제가 한 말씀 드릴게요"

순간 모두 숨을 멈춘다

!!!

낮일은 AI가 하고 밤일도
AI가 한다

안간힘으로

습관처럼 가득 채우고
미처 비우지 못한 뱃구레

갓 구운 빵처럼 부풀었다가
금세 홀쭉해지곤 하지

굶주린 삶에는
송곳니기 있기 마련이지

먹거리에 집착하는 날카로움으로
무엇이든 발기발기 찢어발기지

아직 온기 남은 살가죽
적나라하게 찍히는 이빨자국

별 수 없어

누구도 자신의 마지막을 알지 못해

안간힘으로

소멸의 때를 기다릴 뿐

목이 타

어쩌다 그냥 벗어놓고 달아났을까
이 질긴 허물을

기러기발

종일 비가 내린다

우산을 활짝 펴자
울려 퍼지는 가야금 소리

속 빤히 보이는 대낮
수많은 가야금 줄들이
툭툭 끊겨 발목에 감긴다

나는 맥없이 무릎을 꿇는다
팔꿈치에 붉은 꽃물이 든다

상처는
더디게 피어
순식간에 지는 꽃인가 보다

내 안에 기러기발
시큰거림으로 다가온다

온몸을 관통하고
아래로 귀 기울이게 한다

거룩한 변모

겨울 오기 전에 소풍 가잔다
긴 사파리를 걸친 바람 따라
낮은 비탈 더 낮게 엎드리던 오리나무
오래된 느티나무 그루터기에 자리 잡고

떡갈잎 주먹밥
꿀밤 동그랑땡
단풍잎 장아찌
쑥부쟁이꽃 민들레 왕고들빼기 시래기…

옹기종기 모여앉아 나누잔다
흙먼지 햇살 깨소금처럼
와삭바삭 풍성해진 먹거리
너 한 입 나 한 입

뭉개지고 바수어진 꽃
누릇하고 거친 푸성귀들
살과 피가
서로 따뜻하잔다

폭설

숲 가득
차고 흰 질문들이 들어찼다

나는 누구의 것인가
발자국 하나 없는 너는 어디로 가는가

사람이 죽어 새가 되는 전설을 믿는 사내에게
숲은 아픈 새장이다

젊은 아내가 세상 떠난 후
사내는 스스로 새장이 되어 새를 기다린다

굽은 등허리 앙상한 갈빗대 사이로
눈물을 들고 나는 바람

새들에게 새장은 감옥이다

길고 투명한 부리를 가진 아내가
얼어붙은 그의 심장에 구멍을 낸다
천 번 만 번 ……

마침내 하얗게 날아오르는
말씀 한 무더기

"바람은 불고 싶은 대로 분다.
너는 그 소리를 들어도
어디에서 와 어디로 가는지 모른다.
영에서 태어난 이도 다 이와 같다." - 요한 3. 8.

2부

가까이 봄

테라리움

완전한 정원을 가꾸는 일은
이별 없이는 지킬 수 없는 약속

작은 꽃심지
켜켜이 쌓이는 색모래
물끄러미 들여다보는 일은
안개로 뿌려지는 눈물
소금덩어리 나를 녹여
싸늘한 너의 심장에 닿는 일

어두운 들길 맨발로 걸어온
나를 너는 잊었는지
너를 내가 잃어버렸는지

핀셋으로 들어 올린
양지이끼 비단이끼 이끼들
마른 입술 내민다
아직은 살아서

물꽂이

가뭇없이 끊어진 기억
빈 술병에 꽂는다
드라세나 마지나타

짙푸른 이파리마다 흔들리는 눈빛
물 한 모금
빛 한 줄기
맨 정신으로 마냥
기다리기만 하는 건 미친 짓이다

꺾여도 잘려도
살아있는 가지는 살아남으려
끊임없이 새 촉을 내민다
희고 가느다란 발가락 힘껏 펼친다
출렁임을 멈춘 사막
모래바람을 피해
허파가 터져라 내달린다

깊이를 알 수 없는 사랑
혼자서는 벗어날 수 없음을 알면서도
하필이면 내 머리맡에서
짧은 목
단도처럼 빼어들고
남아있을 때와 떠날 때를 궁리한다

한줄기 가느다란 햇살
부르튼 맨발 서둘러 감싼다
단호한 시작을 위하여

벼슬

Guppy 사료 뚜껑을 열기도 전에
구피들은 춤춘다

채송화꽃씨 보다 크고 유채꽃씨 보다 작은
꽃씨같은 사료를 물 위에 뿌린다

구구구~ 부르지 않아도
좋아서
반가워서 못 견디는
막춤이 꽃핀다

좁쌀 한줌으로 구구구~ 부르면
무거운 벼슬을 치켜들고 달려오던 닭 떼가 떠오른다

내 마음이
나비날개처럼 붉은 꼬리를 발견하고
칸나꽃처럼 붉은 머리를 기억한다

벼슬이 먹고 살기 위해 주어지는 방편이라면
태어나는 순간 몸 어딘가 벼슬이 따라붙기 마련이다

머리에 모자처럼 눌러 쓴 벼슬과
꼬리에 하늘거리는 벼슬을
번갈아 불러본다
구구구~

물속 구피들 몰려와
물 밖 나를
골똘히 지켜본다

가까이 봄

> 사랑은 죽음처럼 강하고,
> 정열은 저승처럼 억센 것
> – 아가 8, 6.

경계가 분명한 시간
민감하게 반응하는 몸
서로 품어주어야 새로 나는 목숨이다

외양간 한구석에 그녀
몸집 한껏 부풀린다
고개를 치켜든다
어깻죽지를 늘어뜨리고
납작 엎드린다

잊지 않으려
잃어버리지 않으려
신경을 곤두세우고
둥근 것들 둥글게 끌어안는다

온 천지에 온기가 차오른다
지푸라기 짜드라기에도 새살이 붙고
신선한 피가 돌 기세다

참을 수 없는 간지러움
살점이 묻어나도록 긁고 싶은 진통이 온다
안팎에서 부르는 소리
그 소리엔 손톱보다 강한 부리가 있다
뼈에 금 가고 머리가 깨지도록 만나려는
입맞춤이 있다

포기할 뻔 했던 생명 불쑥 얼굴 내민다
호랑가시 이파리 은구슬처럼 빛나고
개나리 덩달아 꽃부리 크게 벌린다
통통 튀어나오는 노랑 노랑
봄이다. 가까이 봄이다.

녹의 시간

고향으로 돌아가는 길
저녁노을 내려앉은 길은
녹 잔치다

이름 부르는 순간
화들짝 피어났다가
눈빛만 달라져도 털썩
주저앉는 녹 천지다

안이 비명으로 가득한
쇠붙이에 번지는 녹이 꽃이라면
가슴에 박힌 못은 꽃줄기다

힘없이 구부러져
아래로 흘러내리다
위를 향해 엉키어버린 흔적
검붉은 상처가 꽃잎이다

서슬 뭉글게 바스러져
켜켜이 환원하는 꽃
그 중심은 얼마나 환한지

옆구리에 자물쇠를 채운 채
비어가는 집은
롱기누스의 창*에 찔린
영원한 순간이다

*롱기누스의 창
롱기누스는 십자가에 못 박힌 예수의 죽음을 확인하기 위해 옆구리를 찌른 병사다. 롱기누스의 창은 파괴의 힘과 치유의 힘을 동시에 지닌 성물로 전해진다.

누군가 있다

아주 오래전에
한 약속이 있었다
"보라, 내가 세상 끝 날까지
 언제나 너희와 함께 있겠다."

지금 그 자리에
낯선, 누군가 있다

만나지 않아도
목소리 듣지 않아도
그리워하지 않아도
미묘하게 변하는 감정 공감하지 않아도
그 눈동자에 비친 나 의식하지 않아도

긍정의 문자와 나누는 무표정한 대화
나 아닌 나를 앞세워
대범하게 만나고 쉽사리 이별 한다
신속하게 클릭하고 흔적 없이 지워버린다

우리 사이
아직 끝나지 않았는데
피눈물 한 방울 흘리지 않고
두근거리는 심장소리도 온기도 없이
사랑이라 불리어지는 사랑

약속한 적 없는
누군가

닭벼슬꽃

바람도 비켜가는
모퉁이 빈 터에
너는 있다

푸른 살점 뚝뚝 떼어주고도
두들겨 맞고 휘둘린 몸
숭숭 뚫린 이빨자국마다 차오르는
눈물

드러난 벼슬은 뼈아픈 상처라고
파르르 떨리는 정수리
활활 타오르는
불꽃

뒤늦은 참회로 무릎 꿇는 계절이 오면
붉음 다해 검붉은 상형문자
시시비비 가릴 것 없는 야생의
감투를 고쳐 쓴다

뜨겁게 피어나는 순간
강추위의 시련도 마다않는
너는
사랑의 벼슬아치

시간도 비켜가는
내 마음 빈 터에
아직도
서성이고 있다

꽃다움을 묻다

혀끝에 맴돌던 말 입 안 가득 찬다
삼키기엔 황홀하고 뱉기엔 더 황홀한 주제다
서늘한 등줄기 환한 꽃다움이 그 출처다
꽃다움은 꽃다움으로 묻는다
더 이상 캐묻지 않는다
낱낱의 그리움과 의문을 흙, 너의 심장에 심는다
유일한 장소 무한한 방식이다
양심에 불 밝히고 365일을 3650일처럼 지켜본다
숲에서 익명의 새가 우는 시간
위로부터 가시 같은 빛이 쏟아진다
쩌-억 갈라지는 우주 파르트 떨리는 필체
짧고 투명한 첫 문장이 빛난다
……
이별의 슬픔
땅이 꺼지는 절망
생살 터지는 아픔이 읽힌다
행간마다 튀어나온 푸른 혈관
밑줄 선명하게 긋는다

흘러내리는 피
거듭나는 삶 거듭나는 사랑이다

천 년 같은 한 계절이 또 간다
뜨거운 열정 비틀거리며 떠나간다
낭만이 허름한 옷을 입고 멀어져간다
평범한 일상 상처 많은 거리
꽃은 꽃다움으로 다시 온다

분분한 행간 편편(翩翩)
새하얀 발뒤꿈치를 들고 온다
부활이다

떠도는 슬픔이
따뜻한 눈물에 얼어붙는다

심장을 찌르는 칼날이라도
품기로 하면 품지 못할 겻도 없는데
다이아몬드 핑크스타 오팔블루라도
버리기로 하면 버리지 못할 것도 없는데

새하얀 눈은
무슨 무거운 생각에서인지
제 몸 다 바쳐서

어정쩡하게 서 있는 세상
덮어버린다
무너뜨린다
주저앉힌다

휘어질대로 휘어진 나뭇가지
부러뜨린다

서로 사랑하여라

말씀 하나로 버텨 온 생애
그 무게를 감당할 수 없게 되어서야
군말 없이
무릎 꿇게 만든다

습설

다시 만나자는 약속도
기대도 없이
안녕-

속병 제아무리 깊어도
작별하는 건 참을 수 없는 고통이라서

가슴 깊은 곳에 쌓인 응어리 꽁꽁
검은 눈사람을 만든다

한쪽 눈썹 길고
코 삐뚤어진 눈사람
그 눈썹마저 떨어져나가고

바닥이 얼굴을 받아 안아주기까지
반나절의 반도 안 되는 거리에서
손 흔들며

온 몸으로 다시 쓰는 문장
뒤늦은 고백은
모두 안녕 하고 싶지만

무심히 지나온 골목에 낙서처럼
윤곽만 아슴한

누군가는
안녕하지 못하다

3부

당신을 뵈옵니다

봄바람

가만히 있어
방전되고 있어
애련한 혹은 아련한
슬픔이야

이리 와
내 품에 안겨봐
심장을 충전하고 싶어

저릿저릿 몸서리치며
저릿저릿 뜨거워져서

그대로
두근거리는 순간
가까이
더 가까이 있어줘

지금

산비탈에 맑은 물 흘러내리면
찰방찰방
걸어가야지

아래로 흐르는
낯익은 그 소리로부터

날개 달린 것들
바닥을 박차고 날아오르고

들짐승들 흙먼지 날리며 달려가지

빛 아득히 잠 든
돌바닥에도 푸른 이끼가 자라

꿈같은 시간

비단실 꿰어 든 바늘처럼
찰랑찰랑
빛나는 지금

눕지 말고
일어나야지

비둘기들의 입맞춤

입
을
벌리자
욱, 뛰쳐나온 찌꺼기 건더기

맛
그
달디 단
일생의 쉰내 나는 밥알 알알이
치열하게 살아있는

춤
이
어우러져
황폐한 바다
일으켜 세우는 날개들

위로 떠오르다
선회하여 다시 내려앉는다
여기저기 옮겨 다니며
콕. 콕. 콕.
머리를 끄덕인다

절대 긍정으로
돌아와
일상의 중심을 잡는

평온한 입맞춤

수원지에 목화솜

어머니 품 같은 수원지
뭉게구름 수시로 다녀간다네
부드럽고 달콤해서

새싹을 품은 나무들 술렁술렁
햇살 바람 스스로 맑아지는
그곳에
잉어 떼

어린 잉어 어른 잉어
하얀 꽃잎 떠밀고 다니며
아~ 이~ 우~ 에~ 오~
무슨 노래를 부르려는 걸까

근심 깊은 바닥 벌써 일어나
덩실~ 더덩실~
맨발 닦아주고
젖은 몸 덮어주는데

한번 쓰고 버리는 물티슈
아니라네
목화솜 가득
맑은 물에 헹구어 뽀송한
순면이라네

순면의 걸레를 받아들인
물결에겐
부끄러움도 무례함도 없다네

스며들지 못한 빨강

마산 사궁두미길
말없이 바라만 보는 바다
언제나 스쳐지나던 아다지오에서
봉골레파스타를 주문한다

가을 햇살 머금은 창 너머

핫립세이지
가까이 다가온다
가벼운 발걸음으로 와서는
아주 느리게 스쳐 지나간다

뜨거운 파스타를 뒤적이는 손
단단한 조개껍질 공들여 발라내는 건
순전히 마음의 일이다

사랑은 스며드는 것
인연은 스쳐 지나는 것

내안에 스며들지 못한 빨강

입안에서 돌돌 말리는
칼칼하고 부드러운 이 감칠맛은 무얼까

동피랑먼당에서

시멘트옹벽 새 하늘 삼아
꽃바람 산들바람 신바람
바람 그리다 지치기도 하는 곳

지나는 빗줄기에도 휘청
등이 휘는 골목

맨살에 반짝이는 파도를 걸치고
피랑에서 피랑먼당으로
나비떼 짜르르 날아올라

대낮부터 고깃배를 끌어안는 강구항
겹겹이 오르가슴 파르르
온종일 꿀몸살 앓는 꿀빵
끈끈하게 붙어 앉은 중앙시장 전방들 사이
무궁화 동백 꽃 속으로 숨은 바람

미역오리 같이 말라서 굴 껍질처럼
말없이 사랑하다 죽는다는 천희*도 모르게
수평선 고요 위에 미륵산 앉혀놓고
삼도수군통제영 서포루 북포루 들고나는 그가
보입니다

동포루에 올라보니 다 보입니다

* 백석 시 「통영(統營) 1」에서 따옴

당신을 뵈옵니다

누군가
제 안에 불을 지핍니다
불은 잘 붙지 않고
십자가위에 당신
못 박힌 손으로 꽁꽁 언 마음 어루만집니다
속삭이듯 더운 입김

후우- 불어 넣습니다

사랑의 첫 입맞춤이었을까요
제 영혼이 뜨겁게 달아오릅니다
뜨거운 살, 뜨거운 피

후후- 불어가며 먹고 마십니다

당신, 입에서 나오는 그 입김이
세상 불꽃을 살리고 거두는 동안
어린아이가 죽고 어머니가 태어납니다
어머니 되어, 거룩한 어머니 앞에 밝힌 촛불

후- 후- 불어 끕니다

불꽃 사그라진 뒤에도 사라지지 않는 얼굴
사랑의 첫 숨을 불어 넣어주신
당신,
제가 당신을 우러러 뵈옵니다

분꽃, 씨앗

꽃 본 기념이다
오는 봄에는 꽃씨를 심어보자고
꽃밭 없어도 꽃씨는 심어보자고
새끼손가락 걸고
거룩하게 받았다

산 사람 없이는 죽는 사람도 없는
세상 떠도는 진리를 아는지 모르는지
요 몇 해 내 마음에는
죽은 사람도 산 사람이 되고
꽃밭도 없이 꽃이 피어났다

린넨 원피스 겹쳐진 주머니 속에서
따뜻한 손길을 기다리다
마음 접었을 꽃, 씨앗
인간의 허물은 얇고 가벼워서
몸이 들었던 흔적 금세 지워졌다

어스름 낮은 외로움 속에서
분홍 노랑 분홍 노랑
저 혼자서 울다가
저 혼자 지쳐버린 오후
겨울바람에 싸락눈 날리니

생.각.난.다. 보.고.싶.다.

활짝 웃는 얼굴, 분홍빛 잇몸

이슬처럼 빛나는 쓸쓸함으로

태양은 뜨고 지지만 떠올랐던 그곳으로 서둘러 간다.
남쪽으로 불다 북쪽으로 도는 바람은
돌고 돌며 가지만 제자리로 돌아온다.
- 코헬렛 1, 5-6.

황혼녘 우두커니
집으로 돌아가는 발소리에 기댄
진흙 한 덩어리
찌르면 붉은 피가 뚝뚝
100% 사랑으로 빚은 목숨
어디부터 산목숨이며 어디까지 살 목숨일까

얘야, 얼마나 기다리면 되겠니?
부모보다 앞서 가면 안 된다던 아버지
지하에서 두 팔 벌리고 독촉 한다

야생마처럼 달아날까
강아지처럼 엎드릴까
하염없는 생각 밖으로 힘없이 내려앉는 흰 머리칼
이제는 살과 피가 먼지로 돌아가야 할 때
이 사랑의 주인이 누구인지 알 때

영원한 출구
아버지 찾아 가야지
바닥난 열정 겨우
흘러가야할 곳 있어 흘러가고 있을 뿐
깊은 주름 골골이 여울지는 잔상
이슬처럼 빛나는 쓸쓸함으로
쭈글쭈글 쭉정이가 되어가는

"저를 내던지지 마소서, 다 늙어 버린 이대에.
저의 기운 다한 지금 저를 버리지 마소서."
– 시편 71, 9.

작고 흰 그 말씀

부켄베리아, 활짝 피었다
강보에 싸인 아기처럼 붉은 포엽에 싸인 꽃
내 마음이 귀하게 여기니 귀한 말씀이다
방긋 웃는 젖니처럼 보일 듯 말 듯
네 눈이 거룩하게 바라보니 거룩한 말씀이다

"내 영혼아, 주님을 찬미하여라.
그분께서 해 주신 일 하나도 잊지 마라."
　　　　　　　　　　　　　- 시편 103, 2.

작고 흰 꽃으로 전하는 말씀은 거룩해도
거룩하지 못한 마음이 피워낸 말
마디마다 가시 돋아
가시 박힌 기억에선 피가 흐른다
심장이 갈라지고 혀가 타들어간다
붉은 포엽에 가려진 작고 흰 꽃은 가려진채로
덧없이 피었다 덧없이 사그라져도
사그라지지 않는 말씀은

거룩한 채로 흙바닥에 엎드려
겹겹이 쌓인 어둠의 정수리에 향유를 붓는다
상처투성이 앙상한 발등 닦는다
일그러진 몸 안아주고 갈라진 마음 모은다

"네 모든 잘못을 용서하시고,
네 모든 아픔을 낫게 하시는 분."
　　　　　　　　　　　　－ 시편 103, 3.

네 안에서 크고 깨끗한 꽃으로 다시 피어난다
작고 흰 그 말씀
마침내 너를 거룩하게 한다

4부

그 여자의 이면(裏面)

붕어빵

　두툼한 손바닥을 집어듭니다 방금 손인사를 나눈 그의 체온이 종이봉지에 남아있습니다 아껴 먹는 온기입니다 틀에 박힌 생각 휙 뒤집어 주는 쇠붙이의 입담으로 바삭해진 먹거리입니다 가난한 일상이 통통하게 부풀었습니다 천 원짜리 몇 장 내주고 받은 한 봉지엔 덤으로 받은 게 더 많습니다 따스한 기운 빠른 순발력이 그것입니다 누군가는 이것만으로도 가난한 일상을 건넙니다 11월이 연인처럼 지나고 있습니다 가진 것 다 팔아치운 가로수 마지막 겉옷자락 이리저리 뒤집어 봅니다 싸늘한 하늘에 불현듯 빛나는 별 입천장 뜨겁게 데입니다

　얼룩진 화상 자국 누르스름한 빈 봉지 버릴 수가 없습니다

그와 나와 검은 당나귀*

  가난한 그가 나타샤 아닌 나를 사랑해서 종일 펑펑 눈이 내렸다 헤어질 시간은 다가오고 나타샤 아닌 나를 혼자 보낼 수 없었던 그는 속으로 마른 침만 삼켰다 가난한 그에게는 흰 당나귀가 없었다 당나귀는커녕 나귀의 ㄴ조차 없었다 혼자 생각이 많아진 그는 점점 사과나무가 되어갔다 푹푹 쌓이는 산골 비탈길 구부렁길 나타샤 아닌 나를 꽃길로 데려갈 생각은 풋사과보다 간절해져서 더 목이 탔다 아무도 모르게 잠깐만 있어보라던 그가 한 번도 타 본 적도 없는 낡은 오토바이를 당나귀 대신 끌고 왔다 그까짓 세상 뭐 별거 있냐고 큰 소릴 쳤다 갈 데까지 한번 가보자고

  날은 저물고 눈 쌓여 발목 잡는 길은 하얀 꽃길인데 흰 당나귀면 어떻고 검은 당나귀면 어떠랴 튕길 것도 잴 것도 없이 따라 나섰다 바람 눈발 거세지고 나타샤 아닌 나를 태운 검은 당나귀는 몇 발 못가서 주저앉아 버티길 반복했다 꽁꽁 언 밤 빠지고 자빠지고 눈사람인지 눈 묻은 사과나무인지 하얘진 기억 속엔 검은 당나

귀만 들어앉았다 폼 나게 고삐 한번 잡아보지도 못했다 다리 꼬인 검은 당나귀를 일으켜 세워 끌고 붙잡고 밀어내는 동안 꽃길은 사라졌다 슬슬 걸어 한 시간이면 도착할 길은 씨름판 되어 세 시간 넘도록 엎치락뒤치락 그와 나와 검은 당나귀를 튕겨내었다

   그 밤 그가 나타샤 아닌 나를 겨우 보내고 그 산골을 어떻게 빠져나갔는지 그에게 아직도 물어보지 않았다 잘 자란 사과나무 그가
   언제 벌써 내 속에 조곤조곤히 와 속삭인다

   산골로 가는 것은 세상한테 지는 것이 아니다
   세상 같은 건 더러워 버리는 것이다**

---

   * 백석 시 「나와 나타샤와 흰 당나귀」에서 변주.
   ** 마지막 연은 같은 책에서 일부를 따옴.

영혼의 바코드

이 땅에서 나 살아가는 일은 너를 죽이는 일 단백질과 지방 탄수화물과 칼슘과 비타민을 골고루 섭취하는 일 수시로 빌딩 지하로 내려가는 일 방금 들어온 자들의 정체를 캔다 시금치 한 단 콩나물 한 봉지 멸치 500그램 바나나 한 손 우유 한 퍽 이들의 죄는 확실히 다스려야 한다 겉옷 벗기고 물세례를 준다 저항하지 못하도록 손톱 발톱 빼버린다 온몸에 칼질 한다 끓는 기름에 들볶는다 피와 살이 엉키고 뼈가 녹는다 불지옥의 고문이다 더러는 실토를 하고 더러는 끝까지 입 다문 채 순교를 자처 한다 쓰레기통에서 죽은 자들의 바코드가 발효하는 동안 내 안에선 내뱉지 못한 말들이 썩어간다 입 꾹 다물고 있어도 악취가 새나온다 입 크게 벌리자 부끄러운 내 영혼의 바코드가 드러난다 의사는 내게 경고 한다 철저히 관리하지 않으면 영혼마저 썩을 수 있다고

붉은 소나무

그는 조용한 성격이었다 북풍이 오면 북풍에 몸 맡기고 남풍이 불면 남풍에게 마음 주었다 겸손하고 조심스러운 발걸음 변함없이 공손했다 오늘 그가 가시 돋친 말 마구 내지르고 있다 리트머스시험지 붉게 적시고 있는 눈물, 양손에 수류탄이다 안전핀을 뽑기만 하면 터지겠다 등뼈 갉아 먹는 재선충 때문만이 아니다 상고대 쩡쩡 얼어붙던 겨울이 이별의 말도 없이 떠났다 느닷없이 다가온 햇살 뒤통수를 때렸다 먹구름 시도 때도 없이 온몸을 덮쳤다 참을 수 없는 모독, 잎으로도 뿌리로도 막지 못했다 솔아 솔아 푸르른 솔아 더는 기억나지 않는 노랫말 지우고 있다 스스로 소멸하고 있다

다시 건널목 -트라우마

> 그분께서 내 앞을 지나가도 나는 보지 못하고
> 지나쳐서도 나는 그분을 알지 못하네
> - 욥기 9, 11.

풍경의 페이지는 피아노 건반 이쪽에서 저 쪽으로 팔랑팔랑 넘어간다 부들 바들 젖은 단풍잎 한 꼬마 두 꼬마 세 꼬마 인디언. 검은 머리 흰머리 발 맞춰 삐걱인다 열리고 닫히는 구름 사이로 꼬마 인디언 노을처럼 번진다 고장난 발판의 여음 모두 사라진 뒤 번지지도 건너지도 못한 당신이 서서

기다리는 건널목 건너야 한다는 강박이 버릇처럼 머리를 굴린다. 이미 오선지엔 돌멩이가 콩콩콩 비둘기 씬냉이꽃 강아지똥 날벌레 애벌레 데굴데굴 떽 데구르르 강요하는 이 아무도 없는데 거듭 튀어 오르는 위험신호 갈비뼈에 걸리는 가쁜 숨 천국과 지옥을 오가는 절대 음감의 맥박 흥건한 핏자국 피아니시시모 포르티시시모 허둥대다가

몸 열기 위해 마음 닫아 건 당신 엉킨 실타래처럼 뭉쳐 풀리지 않는 당신 허리 굽은 당신 절대 무너지지 않을 작정으로 허리에 집중한다 왼손 떠는 당신 오른손 떨지 않을 다짐으로 주먹 쥔다 다리 저는 당신 결코 넘어지지 않을 결심으로 발을 뗀다 천천히 걷는 사람 따라 천천히 자연스럽게 빨리 걷는 사람 따라 빨리 물 흐르듯 하루가 또 풍선처럼 날아간다

다시 건널목 열고 닫고 열리고 닫히고 반복 재생되는 두려움 말라붙은 핏자국이 흙먼지를 반창고처럼 덧붙이고 있다 두리번거리는 그림자 당신을 만든 신에게 가려고 앞 사람의 뒤통수와 옆 사람의 귀를 유심히 들여다본다 은폐된 상처딱지가 거친 아픔을 건너려 한다 부드러운 속살 한낮 햇살처럼 차오른다 강 건너 바라보는 얼굴 당신을 개방하려 주문(呪文)한다 에파타!˚

---

* 에파타는 열려라! 마르코복음 7, 31-35.
  예수님께서 귀먹고 말 더듬는 이들을 고쳐주는 내용에서 따옴.

도미

집이라면 기품 있는 기와집이었네 앞 뒷산 능선과 어울리는 팔작지붕에 암키와 수키와 막새기와 갑옷처럼 두르고 마음에 백만 연정을 품었네 품에서 깨어난 백만 사랑을 지키는 일이란

죽도록 살고, 살도록 죽는 일이었네 살림살이 거덜나는 일쯤이야 하루아침에 지붕 날아가고 처마 문짝 뜯기고 벽마저 허물어졌네 서까래 대들보만 남았네 백골만 남았네

180도 뜨거운 기름 속에서도 차마 감지 못한 눈 몰려든 젓가락질에 볼살 배때기살 등살 삶이었던 살 쏙쏙 발리고 말았네 살 속에 숨은 잔가시는 성가시기만 한데 그 삶 속에는 성가신 잔가시가 없었네

가시 없던 아들에게 가시를 꽂아주었을까. 달아나는 아들의 꼬리를 따라다니며 그 꼬리에 자꾸만 가시를 꽂아주었을까 가시 없던 딸에게 가시를 더 주려고 달아나

는 딸의 꼬리를 따르며 그 꼬리에 자꾸만 가시를 꽂았을까˚

   도미 다시 살아온다면 솔개 되어올까 등지느러미 활짝 너른 창공 날아올까 온몸을 감싸주던 비늘 나뭇잎 되어올까 산비탈에 백양나무 바람 불 때마다 하얀 손 흔들고 있는데

* "그러나 고기들의 아름다운 마음!/ 가시 없던 준치에게 가시를 더 주려/ 달아나는 준치의 꼬리를 따르며/ 그 꼬리에 자꾸만 가시를 꽂았네/ 그 꼬리에 자꾸만 가시를 꽂았네" -「준치가시」, (『집게네 네 형제』, 백석, 김재용 엮음, 글누림, 2019.)에서 변주.

암모나이트

훼손된 얼굴은 아무것도 아니다
우상이거나 허상이다 참 기상한 달팽이 껍질이다
신기하게 메마른 눈동자다 고장 난 관악기다

홀로 남은 적막이 귓바퀴에서 달팽이관으로 스민다
림프액이 파동을 멈춘다 청각 세포가 잠든다

영혼을 관통하는 빛
경로를 바꾸어 어둠을 연다 더 밝히 보라고
그러나 아무도 그 의도를 모른다

아름다운 홍채의 눈동자
개펄과 너무 오래 눈 맞추고 난 뒤다

책갈피에 눌린 해바라기 퀭한 눈동자
숨 멎은 태아처럼 웅크린 자세다

눈은 빛으로 말한다
빛은 달팽이관 깊은 곳에 닿지 못한다
빛이 쌓인다
귀는 소리로 말한다
소리의 파동은 아름다운 홍채에 이르지 못한다
소리가 쌓인다

등 기댄 채 아니면 등진 채
각자 쌓인 화법이 수천만 년 녹아내린다
머리와 몸통을 비워낸 뒤
마지막 껍데기까지 버린 촉수라야
마음 깊이 닿을 수 있다

우연히 화석으로 발견되어 전시되는 커다란 귀 혹은 아름다운 눈동자. 필시 한 얼굴에 있었을……. 마다가스카르에서 대한민국에서

- 2024년 2월 어느 날

서더리탕

직사각형의 바다를 거느린 횟집
푸른 멍을 부르는 모서리가 붉은 피를 부르기도 한다

도다리, 작은 입을 삐죽인다
- 칫, 하는 꼬라지가 복지부동이군
광어, 날카로운 이빨을 드러낸다
- 흥, 복지안동 주제에 무슨…
우럭이 한마디 거든다
- 허, 그놈이 그놈이구만
거기 얼굴 바싹 디민 족속들은 말한다
- 좌광우도라는 말 있지 이놈이 광어 저놈이 도다리네

이놈 저놈 가리키는 손끝에 달린 목숨
올곧게 살아보려고 눈알을 굴려 보지만
한쪽으로만 쏠리는 시력 깨지지 않는 생각의 틀 앞에선
납작 엎드리는 수밖에 별 도리 없다
이들에게 형평성이란 없다
좌파도 우파도 아니건만

광어는 좌파로, 도다리는 우파로
태생에 따라 운명이 갈린다

차고 넘치는 수심
마음을 달뜨게 하는 꿈의 밀도는 너무 높아서
안간힘으로 닿아보려 하나 늘 제자리다
쇼윈도 감옥에 갇혀 버티는 하루 또 하루
바닥이 벼랑이 되는 시간은 갑자기 닥쳐오고
이들 앞에서 평정심을 들먹이는 건 죄악이다
피차 수평선과 나란히 힘 겨룬 바다의 허울일 뿐
기껏 한물에 살다 한물로 돌아갈 처지 아닌가

현실은 입천장이 벗겨지도록 뜨겁길 바라니
가시 돋친 말발이나마 모두어 끓인다
막힌 속이 뻥 뚫리도록 칼칼한 한 냄비 팔~팔~
씨팔~ 넘치도록 끓인다

지지뱅이에게

 신포동 꽃동네 골목을 돌아 나오는 검은고양이야 서성동에서 서성이지 말아줘 눈이 시린 휘파람, 휘파람새를 날려주렴 아비뇽의 여인들이 귀 기울일지도 몰라 화폭을 찢고 알몸으로 뛰쳐나올지도 몰라 불온한 가시광선 멸시의 눈빛은 너무 시시해 액막이, 서늘한 바람 한 점 뜨거운 눈물 한 방울 통과한 적 없는 가면 획~ 벗어 던지고 낡은 커튼이라도 쳐야지 짜슥아, 돌고 도는 돈이 만만하니

 기울어진 행성, 돌고 돌아 물레방앗간이 밀밭 되는 세상 되었지. 안개 자욱한 스크린엔 총천연색의 아우터코스 출렁이는 밀밭엔 스킬라 유혹하는 스킬라 오, 개 같은 산딸나무 너무 무거워진 그 나무 짊어진 발바닥엔 별이 총총 세상에 수탉은 새벽이 오기도 전에 펄펄 끓는 물속에 잠겼어 귀란 귀 눈이란 눈 입이란 입 시퍼렇게 살아 있는데, 죽여주지 죽여준다고

 밀밭의 가시는 제 눈을 찌르며 새싹을 키우지 그 소

식 온 땅으로 퍼져나가 켜켜이 쌓였지 한 알의 빛을 구
하려 어린 비둘기 제 발등을 콕콕 찍고 말았어 맨발의
슬픔에 번지는 통증 모두가 잠든 사이 새싹은 뭉개졌지
어둠 속에서 날개 찢기고 짓밟혀 마음껏 더러워진 거기
으슥한 데서 너 으스댔지 내가 널 지켜주지 않으면 누
가 널 증언해 주겠니, 그따위 자막은 치워버려

그 여자의 이면(裏面)

 활짝 핀 채송화꽃 그 여자 시가 좋았네. 무작정 좋았네. 한 번 가면 그 집 귀신이 된다 해도. 그 생이 감옥이 되고 무거운 쇠사슬이라 해도 좋았네. 시집살이 세상 권세에 눈 귀 멀고 반벙어리 되어 사는 일. 꼭두새벽부터 연기 자욱한 아궁이 앞에서 매운 눈물 흘리는 일. 눈물 속에서 꽁보리밥이 옥수수밥이 푸성귀죽이 익어갔네, 맘과 몸 사철 쑤시고 결려도 참아야 했네. 배고픔은 참아야 했네. 슬퍼도 분해도 그러려니 참아야 했네.

 다달이 잰 걸음으로 다가오는 제삿날, 시가(詩歌)의 귀신은 왜 오밤중에만 오시는지. 무겁게 내려앉는 눈꺼풀 초승달처럼 띄우고 캄캄한 물동이, 별 넘치도록 채웠네. 언행을 삼가고 몸과 마음을 닦아. 대문 열어두고 북향에 병풍 쳤네. 떡하고 전 부치고. 나물 장만하고. 포 찌고 밥 안치고 탕 끓였네. 향 피우고 지방을 써 붙이고 술잔 받쳐 올리고, 잔 물리고. 향 품은 연기처럼 잠시 머물다 가는 시상(詩想). 무릎 꿇어 흐트러짐 없이 받들었네.

손발톱 뭉크러진 꽃도 그러려니. 시가의 귀신이 되어가는 억새꽃머리 그 여자. 방문 걸어 잠그고. 높이 날아오르는 꿈꾸었네. 햇살 고요한 어느 윤년 윤달, 천년이 가도 썩지 않는다는 황금빛 안동삼베 여덟 필 앞에 엎드려. 절하듯 마름질 했네. 꼿꼿한 돗바늘 귀에 긴긴 바람의 강을 꿰었네. 삐뚤어짐도 매듭도 없이 한 땀 한 땀. 날개 아닌 날개 같은 구름 수의를 지었네. 이래야 오래 산다카더라. 묻지도 않은 대답을 하면서.

치수 넉넉한 그 옷 입고 그토록 좋았던 시가 떠나는 날, 그 집 생귀신이 된 그 여자. 꽃이란 꽃 죄다 찢꺾으며 울부짖네. 아니려니 아니려니 울부짖네. 눈물 봇물 터져 흐르고, 흐르다 지쳐 얼음 살얼음. 살얼음도 지쳐 마른 울음, 이마저 지쳐 음만 남았네. 핏발 선 눈동자, 퉁퉁 부은 눈두덩이에 얼룩진 음. 잔주름 가득한 거울, 조각조각 빛나는 음. 음

5부

12월이 오면

얼음땡

고장 난 손목시계를 풀어놓자
꿈인 듯
그가 내 발목을 잡는다

때 묻은 시간 한 뭉텅이 양털구름 되어 떠오른다

책상서랍이 열리고 닫히는 순간
순간들이 가볍게 숨죽인다

날마다 눈 뜨기가 두려운 나는
머리 어깨 무릎 발 발 무릎 발
발 발 발 떨리는 기억으로 기억을 지운다

내 왼쪽 가슴에서 똑딱거리는 톱니바퀴가 멎으면
나는 자유로울 수 있을까

이미 멈춘 시계는
어긋난 서랍 틈 사이로 자꾸만 양털구름을 날린다

눈물의 간격

한줄기 깊은 여울이었다

자갈길 무리 없이 걷다
투명한
겉과 속 모조리 흘려보냈다

부드럽게 끌어안은 상처가
낮은 곳 찾아들 때
부대끼며 스미는 서러움
밤낮으로 반짝이는
햇살 바람
온순하게 흘러갔다

아무것도 걸치지 않고
잡은 손 놓지 않고
서늘한 간격으로
빠르게 흘러갔다

달 따라 은근히
달뜨는 마음 이고지고

너 있는 그곳으로
나 있는 그대로
느리게 흘러갔다

12월이 오면

꿈은 안개처럼 흩어지고
너의 뒷모습 노란 단풍잎처럼 쌓여
여기저기 널려있다고 하찮은 건 아니지
발길에 차인다고 무시하지 않을 게
함부로 말하지도 않을 게

떠나야 할 때를 아는 너
있어야 할 자리 해야 할 일을 하는
진짜는 거래되지 않지
장사치들 잇속으로 부풀려 논 가짜만
구린내로 진동하는 거지
귀찮은 전화벨 소리처럼
이 거리에서 저 거리까지

아프진 않겠지 잘 살고 있겠지
내일이 오기 전에 지워질 안부가
모래시계. 모래알처럼 다시 또 슬퍼져
은행나무 가로수에 기대어
연필 깎는 이 마음 아는지

손 잡히지 않는 몽당연필처럼
맘 잡히지 않는 몽당눈물
마른 은방울꽃처럼
12월이 오면
몽당이란 몽당
몽땅 너에게 날려 보낼 게
온 몸 흔들며 허공으로 헤엄쳐가는
가오리연보다 더 높이

흙마중

노란 풀꽃
잔모래 검불 뒤섞여
글썽거리다
반딧불처럼 울었어

봉긋 솟아오른 봉분

가벼운 돌과 무거운 깃털 한데 뭉쳐있었지
위로의 말 따위 허공에 떠있는 먼지 같은 것
널
널에 가두어 묻어놓고
외로워서 쓸쓸해서
티브이를 켜면
널 향해
살아있는 영상
자꾸만 급발진하고

잊을 수 있는 길은 어디에나 있는데
막다른 그리움엔 저녁 먼저 와 있었지
더 어두워지기 전에 돌아가야 했어

콘크리트바닥에 뭉개진 붉고 노란 립스틱
발등에 묻은 이별의 키스가
앙상한 가지에 조등(弔燈)으로 걸리기 시작했어

별은 언제나 빛나는데
꽉 움켜쥔 흙 한 줌

살아서 하룻밤도 같이 자주지 못해 미안해
곧 다시 태어날 거야

괜찮아

바가지

어머니
앙다문 입안에서
송곳니 어금니 대문니 모드 스러지고
한생을 버텨온 잇몸마저 무너진다

까치가 기다리는 지붕 위
힘껏 던져 올린 소망들
입을 크게 벌리자
거짓말처럼
대문니가 나고 송곳니가 어금니가 넝쿨을 뻗는다
넝쿨 안고 넝쿨 업고 달덩이를 키운다
둥근 얼굴 동그란 얼굴 둥그스름한 얼굴
뽀얀 젖가슴에 얼굴을 묻고
서로 숟가락 부딪히며 허기를 던다
작은 달 큰 달 설익은 달
달 속 파내기는 박자감이 제법 즐거운 놀이지만
고만고만한 생각과 단단한 슬픔으로
잘 익은 달은

혀가 바싹 타들어가는 의미가 된다
사람의 귀로는 들을 수 없고
사람의 입으로는 말할 수 없는 언어가 된다
마침내 무엇이나 담아내는 바가지가 된다

달뜨는 물바가지 안에서
어머니 틀니가 웃는다
분홍빛 잇몸으로 찰랑찰랑 웃는다

그냥

경험이 받쳐주는 믿음
엎드려 있어

상상이 안아주는 느낌으로
살짝 떠올라

자주 체위를 바꾸며 꿈틀거려야
살아있는 거지

곧은 길 빨리 달린다고 다 좋은 게 아니야

그럼 풀죽은 채 서있는 문장
숨죽이고 있는 말은 어쩌지

잘라버리라고?
묻어버리라고?
태워버리라고?
화이트로 죽죽 그으라고?

때론 구불구불 맥없이 돌아가는 기억에서
꿈틀거리는 시가 나오기도 하지

그냥
있는 그대로
생긴 그대로
그냥, 좋아

가오리

가오리 한 마리였어
검은 마스크
캄캄한 콘크리트 바다

밤낮으로 내몰리고 쫓기다
고층 빌딩 엘리베이터에 갇혔지

하얀 제 살결 잊어버렸어
애당초 콧대 없는 얼굴
내세울 자존심도 배알도 쓸개도 없어

납작 엎드려 버텨온
코로나, 코로나19의 나날
받아주는 이 없는 전화기
좀처럼 열리지 않는 철문 앞에서
산 채로 발효되길 강요당하는 그 밤

먼 밖에서 누군가 119대신
하느님 아버지를 불렀지
그분은 구급대원보다 빨리 도착했어

하지만
이미 발효중인 시간
생살을 뚫어버린 낚시바늘
가슴 깊이 박혀있는 의문부호
어쩔 수 없었지
그래도
천만다행이었어

눈물의 모서리에 행복 스위치 -조르주 루오

가도 가도 막막한 오르막길
양 팔 힘없이 늘어뜨린 채
쓰러지지 않으려 한 무릎 세운다
날아오르기 위해 한 무릎 꿇는다

아직 꺼내지 못한 기도는 므겁고
이미 주어진 시간은 얼마 남지 않아
악기통을 짊어진 그가
그렁그렁 하늘 우러러본다

위에서부터 흘러내리는 어듬
턱 선을 타고 내려와 사방으로 번진다
머리카락처럼 자라나
자욱하게 스며드는 고요

차고 단단한 동판 위로 평온한 빛이 온다
그을린 살갗으로 봄기운 번진다
해묵은 가지에 깃털처럼 새순 돋는다

심장에 박힌 얼음조각 녹아 내린다
물 한 모금에 자신만만해진 그는
빛나는 희망회로
축축한 모서리마다
행복스위치를 켜둔다

풍선몰리의 사생활

그녀가 꼬리를 살랑 흔든다
하는 일이라곤
수초 속에 숨어서 볼일 보듯
새끼를 낳는 일
아무 일도 없다는 듯 스윽

씩씩한 그가 등지느러미를 활짝 폈다 접는다
하는 일이라곤
주변을 경계하며 그녀 뒤를 따라다니는 일
절대 한눈파는 법 없다
웬만한 스토커는 명함도 못 내민다

그녀 아랫도리에는 숨은 귀라도 있는지 그는
짬짬이 아랫도리를 들추어 입을 대고 속삭인다
입술에 침도 안 바르고 툭툭 던지는 말
좋아요. 잘했어요. 고마워요. 최고예요.
맞아요. 예뻐요. 다 줄게요. 사랑해요 ……

그가 온 힘으로 띄워 놓은 말풍선에
그녀가 풍선처럼 부푼다
점점 더 커다랗게 부풀어
풍선들 춤추는 수족관
하루가 다르게 판이 커지는 축제마당이다

오늘은 어떤 이벤트가 있을까
기대하고 지켜보는 구경꾼 내게
산다는 건
터지기 직전의 풍선, 놀이라는 걸
화끈하게 보여준다

야누스의 달

싱싱포차가 새기사식당으로 바뀌어도
간판은 여전히 그대로인 건물
허리 굽혀 드나들 만큼만 들린 셔터

싱싱포차 누렇게 바랜 차림표가 보였다

탕 탕 탕 개 탕 구탕 묵탕 탕

탕 많은 차림표에서
찌개 많은 차림표로 단장한 새기사식당

찌개 치기 찌개 찌개 된장 찌개

탕이 찌개가 되는 시간을 기다려 줄 기사님은
좀체 오지 않고
열일 하느라 바빠야 할 시간
주방장 사장은
텅 빈 손님 식탁에 엎드려 깜빡 잠들었다

참꽃무지 한 마리
차림표에 없는 밥상 더듬어 찾는 동안

큰길 모서리에서
침 흘리는 달
일그러진 옆얼굴에서
실낱같은 희망이 보였다

왁자지껄
그릇 부딪히는 소리 들렸다

안개, 날아오르다

한 발만 내디디면 되는데
구멍 숭숭한 배추 이파리에 흰나비
날개를 펼치려고
더듬 더듬, 머뭇거린다

햇살 잠시 명상에 든 사이
안개가 산을 통째로 들어올리다
무거워서 못 견디겠다 싶으면
살포시 내려놓는다
조금씩 위로 오르던 산
제자리에 내려앉는다

한 무리 안개가 새벽 인력사무소를 들어올린다
일용직을 구하던 주먹이 웅성거린다
괘안타, 안개는 아무것도 빼앗지 않는다
힘들면 잠시 내려놓으면 된다
안개는 안 개일 수가 없다
모두 제자리에
가만히 보듬었다 풀어놓는다

안개는 생명의 씨앗이라서
가시나무 가시에 둥근 태막을 치고
돌의 자궁에도 뿌리를 내린다
어린 오목눈이 알에서 깨어나듯
어딘가에서 몸을 풀고 날아오를 게다

기다려보자
흰나비, 민들레 홀씨처럼 날아오를
그 순간을

해설

지각(知覺) 수용의 실체

조의홍(시인, 문학박사)

문옥영 시인의 세 번째 시집 『도구의 삶』은 기대와 함께 미래에 대한 염려가 흥미로 와 있다. 낱낱의 시행들에서는 현실에서 발견할 수 없었던 황홀한 보석들을 만날 수 있다.

　인간이 현실에서 감당해야 하는 욕구는 어쩌면 생애의 전부일 수도 있다. 그것은 삶이 높은 에너지를 필요로 하며 이는 욕구로 충당할 수 있기 때문이다. 그러므로 시인은 삶의 현실에서 일어나는 육체적 정신적 욕구, 욕망을 분명히 의식하며 스스로 수용하기에 이른다.

> 혀끝에서 맴돌던 말 입 안 가득 찬다
> 삼키기엔 황홀하고 뱉기엔 더 황홀한 주제다
> 서늘한 등줄기 환한 꽃다움이 그 출처다
> 꽃다움은 꽃다움으로 묻는다
> 더 이상 캐묻지 않는다
> 낱낱의 그리움과 의문을 흙의 심장에 심는다
>
> 　　　　　　　　－「꽃다움을 묻다」 일부

욕망의 실체를 수용하는 주체는 "삼키기엔 황홀하고 뱉기엔 더 황홀한 주제"로 승승된 꽃의 현실로 발화되고 있다. 이 지점에서 꽃의 의지는 순화된 '꽃다운'의 현실로만 소유되지 않는다. 이 일은 "캐묻지 않는" 너그러움으로 현실화 시키며 흙이라는 인간 본질의 적극적 실존 현실로 묻어두는 실체를 가지게 한다. 생명의 본체인 "심장에 심는" 행위를 통해 소유하려는 인간 욕구의 부적절함을 오히려 "황홀한 주제"로 부각시킴으로서 생명의 실체성을 "환한 꽃다움"으로 확산시키고 있다.

꿈은 안개처럼 흩어지고
너의 뒷모습 노란 단풍잎처럼 쌓여
여기저기 널려있다고 하찮은 건 아니지
발길에 차인다고 무시하지 않을게
함부로 말하지도 않을게

떠나야 할 때를 아는 너
있어야 할 자리 해야 할 일을 하는
진짜는 거래되지 않지
장사치들 잇속으로 부풀려 논 가짜만
구린내로 진동하는 거지
귀찮은 전화벨 소리처럼

이 거리에서 저 거리까지

아프진 않겠지 잘 살고 있겠지
내일이 오기 전에 지워질 안부가
모래시계, 모래알처럼 다시 또 슬퍼져
은행나무 가로수에 기대어
연필 깎는 이 마음 아는지

손 잡히지 않는 몽당연필처럼
맘 잡히지 않는 몽당눈물
마른 은방울처럼
12월이 오면
몽당이란 몽당 몽땅 너에게 날려 보낼게
온 몸 흔들며 허공으로 헤엄쳐가는
가오리연보다 더 높이

- 「12월이 오면」 전문

 일 년의 마지막 달 12월, 단풍잎이 쌓여 있는 현실은 아직 완결시키지 못한 부산스러운 삶의 흔적을 표출시키고 있다. 이러한 가운데 시 속 화자는 속삭이듯 낮은 목소리로 "함부로 말하지 않을게"라고 스스로 다독이고 다짐하고 있다. 현실 실행에 대한 완성적 의지는 "떠나야 할 때를 아는 너" 라는 관계성을 통해 짐작할 수 있다. 한 해를 마무리하기 위해서는 적절한 거리감이 형성되어야 한다. "이 거리에 저 거리까지"의 바쁜 현실성도 성립될 수 있어야 된다. 한 해의 보냄 속에서는 가까운 사람에 대한 안부와 기쁨과 슬픔이 뒤섞여 있는 감정 정리는 필수적이다 "가로수에 기대어/ 연필 깎는 이 마음"의 현실은 12월에 대한 적나라한 인식으로 넘친다. 연필을 깎으며 소멸시키는 물질성에 비하여 솟아나오는 연필심은 한 해의 슬픔에 이은 미래에 대한 기대감이다. "12월이 오면/ 몽당이란 몽당 몽땅 너에게 날려 보낼게"의 인식은 시인의 자아를 벗어난 모든 대상에 대한 염려와 기대감이자, "가오리연보다 더 높이" 날아올라 가까이 다가가고 싶은 욕구의 표출이다.

겨울 오기 전에 소풍 가잔다
긴 사파리를 걸친 바람 따라
낮은 비탈 더 낮게 엎드리던 오리나무
오래된 느티나무 그루터기에 자리 잡고

떡갈잎 주먹밥
꿀밤 동그랑땡
단풍잎 장아찌

쑥부쟁이꽃 민들레 왕고들빼기 시래기…

옹기종기 모여앉아 나누잔다
흙먼지 햇살 깨소금처럼
와삭바삭 풍성해진 먹거리
너 한 입 나 한 입

뭉개지고 바수어진 꽃
누룻하고 거친 푸성귀들
살과 피가 서로 따뜻하잔다

- 「거룩한 변모」 전문

시제에서 이미 드러내고 있듯이 「거룩한 변모」는 거룩함을 소환하고 현실화시킨다. 이는 일상적 변화가 아닌 높고 위대한 변화의 욕구다. 겨울이 오기 전의 소풍이란 고난이 닥치기 전의 나들이다. "오래된 느티나무 그루터기"에 자리 잡고 있음으로 평안의 완강성(頑剛性)을 얻고 있다. "뭉개지고 바수어진 꽃"과 푸성귀의 생명력을 소유하게 됨으로 "살과 피가 서로" 따뜻해지는 안정된 평안함에 이름이다. 이는 가족적인 친근성을 보편화시키고 어설픈 자아의 실체성을 벗어난 공동체적인 삶의 확실한 표본을 제시한다.

고향으로 돌아가는 길
저녁노을 내려앉은 길은
녹 잔치다

이름 부르는 순간
화들짝 피어났다가
눈빛만 달라져도 털썩
주저앉는 녹 천지다

안이 비명으로 가득한
쇠붙이에 번지는 녹이 꽃이라면
가슴에 박힌 못은 꽃줄기다

힘없이 구부러져
아래로 흘러내리다
위를 향해 엉키어버린 흔적
검붉은 상처가 꽃잎이다

- 「녹의 시간」 일부

  녹의 실체성이 식물적 군집성과 광물적 군집성의 두 가지 현실로 읽힌다. 이러한 실체에서 만나게 되는 녹의 현실을 잔치로 인식하고 있는 시인의 시간에 주목한다. "고향으로 돌아가는 길"은 평안하고 즐거운 일이다. 고향을 향한 기쁜 현실이 광물의 부패현상인 녹의 실체에 묻히는 일은 흔치 않은 일이다. 이 일이 귀향의 즐거움과 함께 일어나고 있다. 이름만 불러도 화들짝 피어나는 귀향의 아름다운 현실들이 녹 잔치로 환기되고 있다. 쇠붙이의 녹을 꽃으로 인식함은 강하고 단단한 존재에게 아름답고 부드러운 실체성을 부여하는 일이기도 하다. 그러므로 "가슴에 박힌 못"과 같은 피할 수 없는 고난의 실질성을 동시에 수용할 수 있게 된다. 금속성인 녹의 현실적 고통을 식물성의 꽃으로 승화시키는 시인의 의지가 "저녁노을 내려앉은" 황혼의 시간을 붙잡고 놓지 않는다. "힘없이 구부러져/아래로 흘러내리다/ 위를 향해 엉키어버린 흔적"은 드러난 현실의 실체다. 검붉은 상처마저 꽃잎의 현실로 승화 시키고 있는 귀향길 위에 시인의 시간이 있다.

한줄기 깊은 여울이었다

자갈길 무리 없이 걷다
투명한
겉과 속 모조리 흘려보냈다

부드럽게 끌어안은 상처가

낮은 곳 찾아들 때
부대끼며 스미는 서러움
밤낮으로 반짝이는
햇살 바람
온순하게 흘러갔다

아무것도 걸치지 않고
잡은 손 놓지 않고
서늘한 간격으로
빠르게 흘러갔다

달 따라 은근히
달뜨는 마음 이고지고

너 있는 그곳으로
나 있는 그대로
느리게 흘러갔다

- 「눈물의 간격」 전문

「눈물의 간격」에는 상당한 여유와 시인의 관조적 인식이 깊이 관철되어 있다. 눈물이란 눈물샘에서 나오는 분비물이지만 이것이 분비되는 현실은 평상의 감정이 아닌 지극히 깊은 감정의 교차 현실에서 생성된다.

이러한 감성의 인식임에도 불구하고 간격이란 공간적 현실을 새롭게 하며 여유와 안정성 혹은 관조의 미학을 보여준다. 이러한 배경 현실을 인식 시키는 기술은 눈물에 대한 배려보다는 시인의 내면 정서에 기인한다고 할 수 있다.

"한줄기 깊은 여울이었다"

여울이란 강이나 바다에서 바닥이 얕거나 폭이 좁아 물살이 빠르게 흐르는 곳을 말하지만 눈물의 실체가 여울로 그려지고 있음은 그 인식의 대상이 고조되어 있음이다. 이 여울이 흐르는 일은 현실적 감성의 실체성을 펼치는 일로 시인의 감성적 삶의 애환을 일으키는 눈물의 일이다. 한줄기란 한번 세게 쏟아지는 빗줄기를 떠올리게 하지만 시행의 현실은 시인이 강면한 내면의 한 가닥 아쉬운 미련을 고양 시키고 있다. 그러므로 눈물의 간격이 일으키는 삶의 애환에는 고난스런 실체성과 함께 여우로움이 배어 있다.

"부드럽게 끌어안은 상처가/ 낮은 곳 찾아들 때"

상처를 끌어안는 일은 배려와 너그러움이 있어야 하며 소유해야 되는 근거를 확신하는 의지력이 있어야 된다. 또한 정신적 육체적 상처에서 발생되는 온갖 현실성을 극기 하기란 쉬운 일이 아니다. 신념에서 발생되는 온갖 오물성, 실체성들을 벼척보다는 수용하며 극기함으로 상대에게 너그러운 마음을 가지게 되면 그 한계를 뛰어넘을 수도 있다. "부드럽게 끌어 안"는 풍성한 수용의 여유와 너그러움이 있어야 가능해 질 것이다. 상대에게 자아의 부드러움을 인식시키는 일상적 현실은 자아의 존재성을 이해시키는 일이 될 것이다. 자아를 상대에게 이해시키는 일은 소란한 상처를 끌어안는 일보다 쉽지 않으며 결단과 용기가 필요할 것이다. 이러한 현실이 수용되어 있을 때 6행의 "낮은 곳"의 현실을 성립 시킬 수 있을 것이다. 낮은 이라는 관형적 성립성은 아래에서 위까지 높낮이의 기준이 되는 대상이나 보통 정도의 수치적 하위 개념의 현실성일 수도 있다. 그러나 시인에게 낮은 곳의 실체성은 안온하거나 평안한 실체성으로, 끌어안은 상처의 현실성으로 성립된다. 이러한 실체가 인식될 때 비로소 끌어안은 상처의 완성미를 가지게 될 것이다.

"부대끼며 스미는 서러움"

눈물의 근원은 서러움에서 기원된다. 물론 기쁨의 극

진성에서도 발생될 수도 있겠지만 대부분은 상대에 대한 서러움에서 기원된다. 서러움의 발전은 슬픔이 되며 시간이 지나면 비극적 실체를 드러내기도 한다. 인류사회의 비극적 현실은 대부분 다툼, 크게는 전쟁으로 발전되기도 한다. 전쟁은 비극성에서 발상되어 비극으로 점철되며 또한 비극성이 그 결말을 성립시킨다. 헌데 서러움의 서두에 "스미는" 진술의 실체성이 성립되어 서러움의 존재 현실성을 성립시키고 있다. 그러나 "부대끼며"라는 실존이 존재되고 있음은 이의 실체를 확신시키고 있다. 부대끼는 일은 사람이나 일에 시달려 괴로움을 소유하는 일로 눈물의 근원이 되어 있다. 그리하여 참을 수 없는 서러움을 일으키게 되며 눈물이란 실상을 실현 시키게 된다.

"밤낮으로 반짝이는/ 햇살 바람/ 온순하게 흘러갔다"

눈물의 비극적 실체성이 순치된 현실성에 닿아 있다. "햇살 바람"이란 인식이 일으키는 현실은 눈물의 비극성을 넘어 있다. 눈물이 지속되면 현실에 닿았던 비극성의 순치 인식성을 얻게 되기도 한다. 그것은 시간성에 의한 실체성일 수도 있고 자아가 일으키는 소망적 실체 현실성일 수도 있다. 허나 확실한 일은 눈물의 비극성은 항상 지속되지는 않는다는 일이다. 그것은 인간이 가지는 변환성 인식에 의한 일일 수도 있을 것이다. 그리하여 "밤낮으로 반짝이는" 현실의 아름다움을 얻을 수가 있게 된다. 햇살이란 해에서 나오는 줄기 혹은 그 기운으로 빛이 아닌 특별한 인식을 내포한다. 이는 잡균 등을 박멸하는 햇빛의 위생적인 면을 벗어난 일이며 심령의 새로운 현실 실체성에 닿아 새 힘의 원동력을 얻게 하는 일이다. 이러한 바람이 항상 부동성의 실질을 가져옴은 아니고 온순하게 흘러가는 유동성을 가지고 있다. 온순은 현실화시킴으로 비극성의 눈물에서 벗어난 아름다운 공간성을 내포하고 있다.

"아무것도 걸치지 않고/ 잡은 손 놓지 않고"

성경 속의 에덴동산에서 최초의 인간은 육체를 감싸는 옷가지들을 걸치지 않았다. 그때는 욕망감이나 욕구성이 없었을 것이며 순진무구한 생명성 실존 현실만 있었기 때문일 것이다. 그러므로 눈물이 일으키는 미래 혹은 현실의 실질성은 "아무것도 걸치지 않"은 존재일 것이다. 눈물로 인하여 욕구하고 욕망하는 사념 혹은 현실들이 소진될 수 있으므로 눈물이 가지는 가치성이 이러한 현실을 실체 시킬 수 있는 의지를 가지기 때문일 것이다. "서늘한 간격"이란 눈물이 가지는 실질적 현실이 되고 있음을 알리는 일이다. 서늘하다는 현실은 물체에 온도나 기온이 찬 느낌이 있는 현실이다. 상대되는 따뜻한 현실은 덥지 않을 정도의 온도가 알맞게 높아있는 현실이지만 서늘하도록 차갑게 상승된 의지성을 구하는 일은 쉽지 않을 것이다. 그러므로 간격을 가지되 따뜻하고 가까워진 간격이 아닌 아쉬운 듯 조금은 멀어져 있는 간격성이 삶의 현실성을 상승 시킬 수 있는 일이 될 것이다. "빠르게 흘러갔다"의 의지는 보내려는 소망성보다 지나 버리는 확신의 실체성이 가까워 있는 현실을 인식시키는 일이다.

"달 따라 은근히/ 달뜨는 마음 이고지고"

달은 동서양을 막론하고 다양한 의미성을 지니고 있다. 희망과 깨달음, 탄생과 죽음, 풍요 그리고 초월적 신비주의와 관련이 깊다. 이러한 현실성을 "이고 지고" 소유하려는 인식은 자아의 삶에 달의 성정을 확신시키려는 의지성이다. 생애가 고난하고 힘든 사람에게는 위로의 세상을, 원하고 바라던 일이 성취된 사람에게는 더 큰 기쁨을, 한밤의 슬픔을 억제할 수 없는 사람에게는 스스로 위로할 수 있는 눈물은 자비로운 하늘의 선

물이다.

>굶주린 삶에는
>송곳니가 있기 마련이지
>먹거리에 집착하는 날카로움으로
>무엇이든 발기발기 찢어발기지
>
>아직 온기 남은 살가죽
>적나라하게 찍히는 이빨자국
>
>별 수 없어
>
>누구도 자신의 마지막을 알지 못해
>
>안간힘으로
>
>소멸의 때를 기다릴 뿐
>
>목이 타
>
>어쩌다 그냥 벗어놓고 달아났을까
>이 질긴 허물을
>
>   -「안간힘으로」 일부

 이 땅에 생명체로 태어나 살아있음은 광범위한 생노

병사(生老病死)의 진행에 동참하고 있음이 아닐까. 그 과정 속에서 잠시 자신의 삶을 들여다보는 성찰을 통해 삶의 진실을 발견하기도 한다. 하늘이 인간을 생명체로 인식시키는 일에는 상처로 얼룩진 고통만 있는 것은 아닐 것이다. 인간으로써 수행해야 될 일은 습관처럼 익숙하다, 그러나 피하고 싶은 현실은 갑자기 들이닥칠 수도 있다. "송곳니"로 이 일을 헤쳐 나갈 수도 있을 것이다. 가죽점퍼는 몸의 실체이자 부드러운 속살을 보호하는 허울이다. "누구도 자신의 마지막 일을 알지 못해" 라고 하는 화자이자 시인 자신의 인식성도 있지만 헤치고 나가야 될 또 다른 인간의 실체성을 부정할 수 없다. 이는 절망으로 닫혀있는 무기력한 신체의 한계를 극복할 힘으로 작용할 가능성을 열어둔다. "어쩌다 그냥, 벗어 놓고 달아났을까/ 이 질긴 허물을" 인간의 허물은 가변의 실체성을 드러내지만 역설적으로 시간과 공간을 뛰어넘는 실존의 강인한 불변성을 내포하고 있기도 하다.

숲 가득
차고 흰 질문들이 들어찼다

나는 누구의 것인가
발자국 하나 없는 너는 어디로 가는가

사람이 죽어 새가 되는 전설을 믿는 사내에게
숲은 아픈 새장이다

젊은 아내가 세상 떠난 후
사내는 스스로 새장이 되어 새를 기다린다

굽은 등허리 앙상한 갈빗대 사이로
눈물을 들고 나는 바람

새들에게 새장은 감옥이다

길고 투명한 부리를 가진 아내가
얼어붙은 그의 심장에 구멍을 낸다
천 번 만 번 ……

마침내 하얗게 날아오르는
말씀 한 무더기

"바람은 불고 싶은 대로 분다.
너는 그 소리를 들어도
어디에서 와 어디로 가는지 모른다.
영에서 태어난 이도 다 이와 같다."(요한 3.8)

— 「폭설」 전문

폭설은 갑자기 많이 내리는 눈이다. 적당하게 내리는 눈은 일상에 즐거움 혹은 안온감을 주기도 하지만 갑자기 많이 내리는 경우는 파괴적인 힘을 가지며 생활에 어려움을 주고, 두려움마저 느끼게 한다. 「폭설」에는 삶의 현실을 대하는 시인의 관망적 현실성이 다양하게 분산되어 있다. 숲, 나, 발자국, 아내, 사내, 새, 심장, 바람 등의 다양성이 폭설과 함께 아름답게 어울리고 있다. 이러한 시어들의 상승된 실체성은 시인의 삶의 인식을 높이 떠받치고 있다. 인간의 본원적 삶의 현실 그 자체는 허망성에 근원되어 있는 경우가 다반사다. 모든 예술 작품의 본성을 찾아보면 대부분 고독 속에서 그 끈을 놓지 않고 있다. 세상에 홀로 떨어져 외롭고 쓸쓸한 고독을 전신으로 입고 태어난 인간은 언제나 혼자다. 혼자서 온갖 삶의 실체와 맞닥트리며 실현시켜 나가야 한다. 인간이란 이웃과 함께 생존하지만 실질적으로 결정하고 감당해야 될 일들은 혼자서 소유하고 결정해야 되는 실체다. 이는 시적 자아의 실체인 시인이 감당할 수 없는 폭설 앞에서 절대적인 대상에의 경외감을 드러내는 구실이 될 수도 있다.

"숲 가득/ 차고 흰 질문들이 들어찼다"

숲의 현실은 흰 눈으로 가득 찼으나, 숲을 보는 시인의 내면은 질문으로 가득 찼다.

"숲 가득" 채운 충만한 현실성은 '차고 흰 질문들'의 실체성이다. 흰 빛은 모든 빛을 수용하는 상승적 이미지의 실체이다. 동시에 모든 빛의 현실성을 소멸시킬 수도 있는 하강적 이미지의 실체이기도 하다. 그러므로 "숲 가득/ 차고 흰 질문들"은 현실의 존재가 아닌 영원한 존재성을 향하게 한다.

"나는 누구의 것인가/
발자국 하나 없는 너는 어디로 가는가"

"누구의 것인가"라는 의문의 존재성은 "발자국 하나 없는 너"와 동일시 된다. 그러므로 나의 존재와 누구의 현실은 발자국 없는 실체이자 폭설이라는 현실 인식을 부여받은 실체이다. 그리하여 "어디로 가는가"라는 의문 부여는 실체의 존재 현실을 확신 시키는 배경이 되고 있다. 허나 이 모두는 "발자국 하나 없는" 비인식적 실체이다. 이러한 비인식적 실체가 현실을 인식시키는 일은 숲 속에 가득해 있는 질문이다. 이 질문은 실존의 현실 실체이자 영원한 존재이다. 이를 위하여 폭설은

준비되어 있다.

"사람이 죽어 새가 되는 전설을 믿는 사내에게/
숲은 아픈 새장이다"

새장은 새가 갇히어 사는 장소이다. 자유가 절제된 현실이다. 그러나 이러한 현실로 존재하는 숲은 새장으로 현실화된 실체성을 부정하지 않는다. 마치 전설이라는 믿을 수 없는 사실을 믿는 것처럼 허망한 현실 수용을 허락하는 일이기도 하다.

"젊은 아내가 세상을 떠난 후/
사내는 스스로 새장이 되어 새를 기다린다"

기다리는 사내에게는 새장이 안식처다. 새장이란 새를 가두어두는 구속의 실체이다. 사내가 이를 안식처로 인식함은 세상을 떠난 젊은 아내에 대한 상처 받은 현실에 대한 보상적 의지가 작용했을 가능성이 크다.

"길고 투명한 부리를 가진 아내가/
얼어붙은 그의 심장에 구멍을 낸다/ 천 번 만 번 ……"

구멍을 내는 일은 상대에 대한 적멸적 인식이자 구속으로부터 스스로 탈출하고자 하는 의지의 구체적 표출이다. 이 일의 행위 주체는 아내이며 아내는 "길고 투명한 부리"를 가지고 있다. 상대를 상처 주는 존재로 인식된다. 부리의 인식은 먹이의 현실을 일으키는 긍정적 생명의 실체이자 상처의 현실을 일깨우는 부정적 죽음의 실체이다. 그러므로 부리로 구멍을 내는 행위는 사내의 입장에서는 파괴적이지만, 죽은 아내의 입장에선 탈출을 위한 모색인 셈이다. 그리하여 "마침내 하얗게 날아오르는/ 말씀 한 무더기"의 현실로 긍정성을 다시 소환하며 침체된 삶으로부터의 탈출을 현실화시키고 있다.

고장 난 손목시계를 풀어놓자
꿈인 듯
그가 내 발목을 잡는다

때 묻은 시간 한 뭉텅이 양털구름 되어 떠오른다

책상서랍이 열리고 닫히는 순간
순간들이 가볍게 숨죽인다

날마다 눈 뜨기가 두려운 나는
머리 어깨 무릎 발 발 무릎 발
발 발 발 떨리는 기억으로 기억을 지운다

내 왼쪽 가슴에서 똑딱거리는 톱니바퀴가 멎으면

나는 자유로울 수 있을까

이미 멈춘 시계는
어긋난 서랍 틈 사이로 자꾸만 양털구름을 날린다

- 「얼음땡」 전문

「얼음땡」에서 시계는 "고장 난" 현실성이다. 고장이란 제대로 움직일 수 없는 기능상의 장애를 가진 현실로 정상의 기능성을 상실 당하고 있다. 그러나 "그가 내 발목을 잡는다"는 시적 진술은 고장의 실체성을 넘어 있다. 그러므로 "발목"의 실체성 역시 다리와 발이 잇닿는 부분성이 아닌 긴요한 실체성을 감당하는 상승 현실이 되고 있다.

"때 묻은 시간 한 뭉텅이 양털구름 되어 떠 오른다"

시의 현실은 시간 현실이 큰 덩이가 되어 있으며 이는 "때 묻은" 실체성이다. 때가 묻었다 함은 신선한 실체 아닌 오랜 시간의 경로나 많은 경험을 거친 현실을 의미한다. 그러나 "양털구름"이라는 순백의 인식과 "떠 오른다"는 의지가 현실을 상승시키는 배경이 된다.

"책상서랍이 열리고 닫히는 순간/
순간들이 가볍게 숨죽인다"

  진술되는 서랍은 책상에 소속되어 있다. 이 일은 열리고 닫히는 순간들을 인식시키고 있으며 이의 인식성을 "숨죽인다"의 실체성으로 긴장감을 유발시키고 있다. 그러므로 책상 서랍의 현실은 물체상의 실체성보다 인간 삶의 현실성이 저장되고 있는 삶의 소란스러운 현실이다. 숨죽이며 소속되어 있어야 되는 현실 삶은 인간이 생존되는 생애의 실체성이다.

"날마다 눈 뜨기 두려운 나는/
머리 어깨 무릎 발 발 무릎 발/
발 발 발 떨리는 기억으로 기억을 지운다"

  "두려운 나"라는 존재가 가지는 탈출 현실은 기억을 지우는 일이다. 기억이란 이전의 일상이나 경험을 의식 속에 간직하거나 되돌려 생각해 내는 일로 소유 인식의 현실에 따라 즐겁고 아름다운 긍정의 실체성과 고난하고 괴로운 부정의 실체성이 있다. "날마다 눈 뜨기 두려운" 현실 앞에서 시인은 "기억으로 기억을 지운다"

"이미 멈춘 시계는/

　어긋난 서랍 틈 사이로 자꾸만 양털구름을 날린다"

　날려 보내는 양털구름은 긍정의 현실체지만 화자는 이를 보냄으로 벗어나고 싶은 과거 부정적 실상들을 소멸시키려 한다. 인간 삶의 실상은 긍정적 삶의 실상보다 고난한 현실들이 높게 입력되어 있기도 한다. "어긋난 서랍"과 같은 방식으로 구속당한 자아 현실의 자유성을 되찾으려 한다. "양털구름"과 같은 긍정된 실상의 일들을 소유하는 의지성을 갖는다. 이는 자아의 인식성에 다가와 있는 긍정의 생명력이며 안위된 현실 실상의 실체이다. 고장 난 손목시계의 고난성 보다는 시간의 실상에서 이룩해내는 긍정적인 자아 실존의 현실이 풍성하게 널려 있음을 발견하게 된다.

이 책은 한국예술인복지재단의
창작지원금으로 발간하였습니다.

도구의 삶

초판 발행 2025년 8월 26일

지은이 문옥영
펴낸이 방성열
펴낸곳 다산글방

출판등록 제313-2003-00328호
주소 서울특별시 마포구 동교로 36
전화 02-338-3630
팩스 02-338-3690
이메일 dasanpublish@daum.net
　　　　　iebookblog@naver.com
홈페이지 www.iebook.co.kr

ⓒ 문옥영, 2025, Printed in Korea

ISBN 979-11-6078-369-8 03810

* 이 책은 저작권법에 의해 보호받는 저작물이며, 저자와 출판사의 서면 허락 없이 내용의 전부 또는 일부를 인용하거나 발췌하는 것을 금합니다.
* 제본, 인쇄가 잘못되거나 파손된 책은 구입하신 곳에서 교환해 드립니다.
* 책값은 뒤표지에 있습니다.